rauf und runter und quer kreuz

laut und leise

hoch und tief

Da läuft eine  MAUS

 AUS

Ein ◯ – Gedicht

Das ist ein ◯.

Wer das weiß, der kann auch

das Gedicht lesen.

M◯ne kl◯ne ◯senbahn

rollt so w◯t sie rollen kann.

In den Bahnst◯g rollt sie ◯n.

Wer st◯gt aus, und wer st◯gt ◯n?

Alles fertig? W◯ter dann

mit der kl◯nen ◯senbahn.

W◯ter geht die w◯te R◯se

über W◯chen und Gel◯se.

Sie rollt so w◯t sie rollen kann,

m◯ne kl◯ne ◯senbahn.

Allerlei Lesespaß

gesammelt von

Siegfried Asmuth

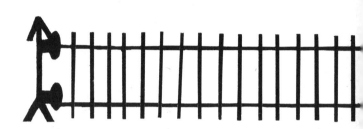

1-23034

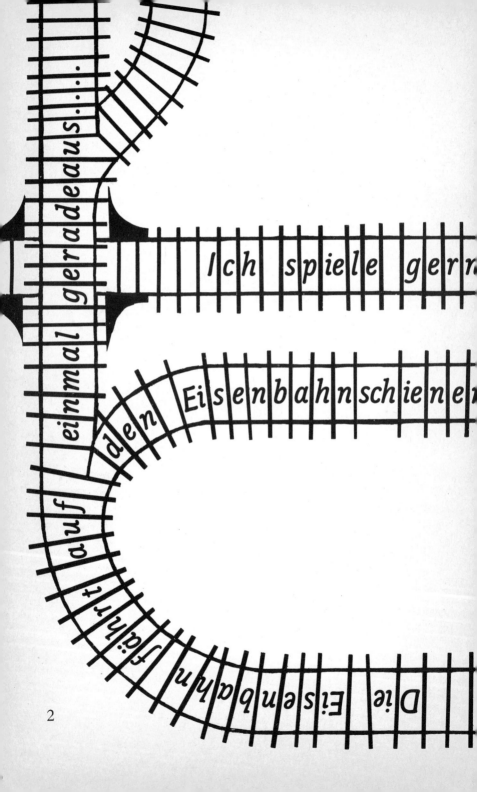

Ich spiele gern

einmal geradeaus.....

auf

den Eisenbahnschiene

fährt

Die Eisenbahn

2

Ei

Eisen

Eisen bahn

Eisen bahn schienen

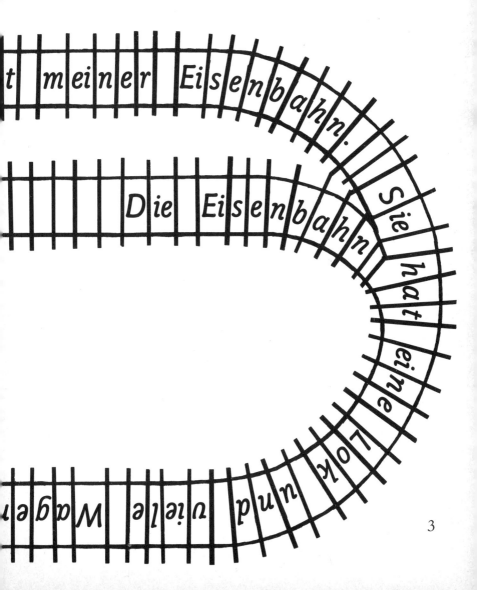

... t meiner Eisenbahn. Sie hat eine Lok und viele Wagen ... Die Eisenbahn

3

Bumdidi

Bumdidi
  bumdidi
    bumdidi
   bum.

So geht der Elefant herum.

Bumdidi
  bumdidi
    bumdidi
   bum.

Ein Glöcklein an drei Beinen,
kein Glöcklein an dem einen.

Bumdidi
  bumdidi
    bumdidi
   bum.

Josef Guggenmos

Und wie macht die Maus?

Tip
  tip
    tip
      bum.

So rennt die kleine Maus herum.

Tip
  tip
    tip
      bum.

Drei flinke kleine Beine,
im Gips verband das eine.

Tip
  tip
    tip
      bum.

Unser Zwerghase

Unser Zwerghase hat
  eine Zwerghasen nase
  einen Zwerghasen hals
  zwei Zwerghasen ohren
  vier Zwerghasen beine
und viele, viele, viele
      Zwerghasen haare.

Aber wenn ich dem Zwerghasen
Salat bringe, dann hat er
einen Riesen hasen hunger!

Unser Zwerghase
frißt ein Salatblatt:

ein Salatblatt

ein Salatbla

ein Salat

ein Sala

ein Sal

ein Sa

ein S

ein ...

Dann frißt er
noch ein Salatblatt ...
und noch ein ...

Und wenn er nicht
gestorben ist, dann
frißt er noch heute.

Ich habe einen **Vogel**

Er heißt Kuki.

Kuki fliegt durch das Zimmer. Er fliegt einen großen Bogen um die Lampe. Dann landet er auf seinem schönen Käfig, Käfig, Käfig, Käfig, Käfig.

Unsere Katze Keri
will Kuki fangen.

Sie springt auf den Tisch

und stößt an die Lampe.
Aber Kuki ist schneller.
Er läßt sich nicht fangen.
Er zwitschert auf seinem
Käfig.
Keri faucht.

Ein
Fisch
schwimmt
im Wasser
und steigt in
die Höhe. Er hat
großen Hunger
und wartet
auf Futter.
Gib ihm
Flöhe.
Dann
ist er
satt.

Ein
Fisch
steht im
Wasser. Ist
er wohl müde?
Hat er wohl Hunger?
Ist er wohl krank?
Er ruht sich
nur aus. Er
wartet
auf
Freunde.

Mein Goldfisch schwimmt im Kreis umher.
Ach, wenn hier noch ein Goldfisch wär'!
Das wäre was!
Das gäbe Spaß!
Mein Goldfisch macht traurig „blub".

Nun kaufe ich dazu einen zweiten.
Den lasse ich ins Wasser gleiten.
Da tanzen beide.
Das ist eine Freude.
Sie machen fröhlich „blub blub".

Horst Bartnitzky

Le-se-stra-ßen

HIER FAHREN GROSSE AUTOS

Auf dieser Straße fahren die Autos ganz schnell.

Sie gehen nicht
und sollen doch gehen –
wer ist das?

Diese Straße ist eine Spielstraße.

Lese straßen

Hier gehen wir über die Straße.

Hier fah-ren die Au-tos ganz lang-sam.

Hier fahren die Autos im Kreis.

Hier fahren die Autos falsch herum. Dürfen sie das? Hier

Diese Straße ist nur für Fußgänger.

Sie stehen an allen Straßen
und bleiben immer stehn.
Doch schimpfen alle Leute,
wenn sie mal nicht mehr gehn.

Lösung: die Straßenlaternen

13

Kannst du so ein langes
Wort lesen?

Teddy
Teddy bär
Teddy bär bett
Teddy bär bett zeug
Teddy bär bett zeug schrank
Teddy bär bett zeug schrank tür
Teddy bär bett zeug schrank tür schloß

Teddybärbettzeugschranktürschloßschlüssel

Mein Teddybär soll schlafen.

Da ist das Teddybärbett.

Aber wo ist das Teddybärbettzeug?

Das liegt im Teddybärbettzeugschrank.

Aber die Teddybärbettzeugschranktür ist zu.

Ich brauche einen Schlüssel

für das

Teddybärbettzeugschranktürschloß.

Aber wo ist der

Teddybärbettzeugschranktürschloßschlüssel?

Da hängt er ja!

Am

Teddybärbettzeugschranktürschloßschlüsselhaken.

Nun mache ich rasch das **?** auf,

dann die **?** .

Ich hole das **?** heraus.

Das lege ich in das **?**

und meinen **?** lege ich hinein.

Gute Nacht!

Ist mein
Lieblings buch
Eulalia
da?

Wo ist das
Buch über
die Riesen?

Wer hat mein
Rechen-Domino
gesehen?

Wir suchen
ein Memo
Spiel.

Wie groß die Riesen sind

Schulgeschichten

Bauz, der Kater

Märchen

Pummel Brumm

Bunte Geschichten

Pit, der Rabe

Unser kleiner Esel Jan

Eulalia

16

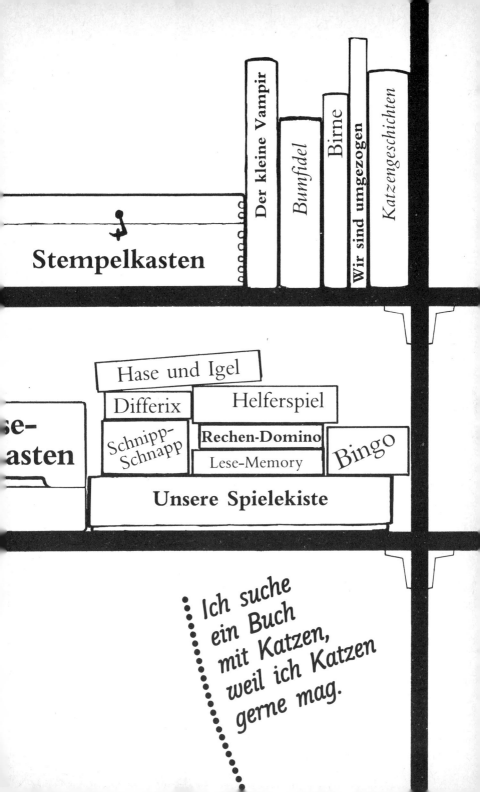

Sich mögen

Mädchen:
„Ich mag dich."
„Ich mag dich sehr."
„Ich mag dich sehr gut."
„Ich mag dich sehr gut riechen."

Junge:
„Ich mag dich auch."
„Ich mag dich auch sehr."
„Ich mag dich auch sehr gut."
„Ich mag dich auch sehr gut leiden."

Mädchen:
„Nein, ich mag dich doch nicht."
„Ich mag dich doch nicht sehr."
„Ich mag dich doch nicht sehr gern."
„Ich mag dich doch nicht sehr gern vermissen."

Junge:
„Ich mag dich gar nicht."
„Ich mag dich gar nicht sehr."
„Ich mag dich gar nicht sehr gern."
„Ich mag dich gar nicht sehr gern entbehren."

Hans Manz

Mögen wir uns?

Junge:
„Magst du mich?"
„Magst du mich sehen?"
„Magst du mich hören?"
„Magst du mit mir sprechen?"
„Magst du mit mir spielen?"
„Magst du mit mir ein Geheimnis haben?"

Mädchen:
„Ich mag dich sehr."
„Denn ich will dich sehen."
„Ich will dich hören."
„Ich will mit dir sprechen."
„Ich will mit dir spielen."
„Ich will mit dir ein Geheimnis haben."

Beide:
„Deshalb mögen wir uns."

Es war ein mal ein Mann.

Der hatte 7 Kinder. Und die 7 Kinder sagten: „Vater, erzähle uns eine Geschichte!" Da fing der Vater an:

20

Die Zange

Klara: Ich brauch eine Zange!

Vater: Dann nimm doch meine Zange.

Klara: Wo ist denn die Zange?

Vater: Die Zange ist in der Kiste.

Klara: Die Kiste ist aber zu.

Vater: Dann mach die Kiste auf.

Klara: Wie soll ich sie denn aufmachen?

Vater: Hebe den Deckel hoch.

Klara: Der Deckel ist aber zugenagelt.

Vater: Dann ziehe die Nägel heraus.

Klara: Wie soll ich das denn machen?

Vater: Mit einer Zange.

Klara: Ich finde aber keine Zange.

Vater: Dann nimm doch meine Zange!

Klara: Wo ist denn die Zange?

Vater: (Wie geht es weiter?)

Ei, Ei, Ei, Ei,
Eisenbahn,
wer will mit ihr noch
weiterfahrn? Komm mit in

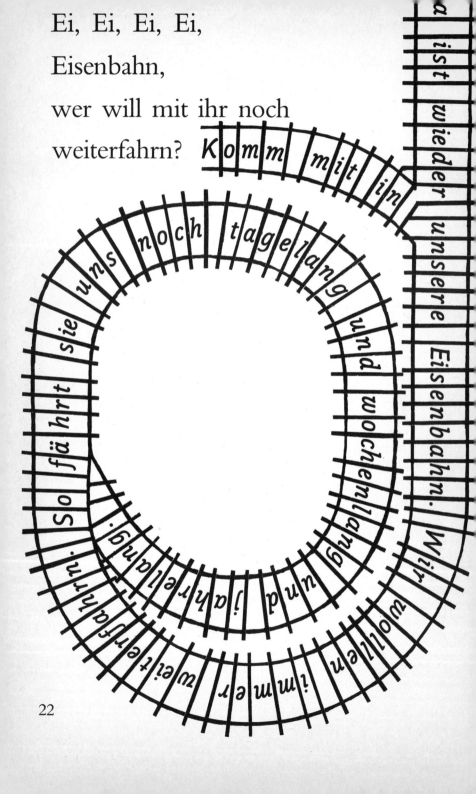

a ist wieder unsere Eisenbahn. Wir wollen immer weiterfahrn.

So fährt sie uns noch tagelang und wochenlang und jahrelang immer weiterfahrn.